Rosette Poletti & Barbara Dobbs

Mandalas zum Wohlfühlen

Sei gut zu dir selbst

TRINITY KREATIV

Über die Autorinnen

Rosette Poletti und **Barbara Dobbs** haben sich beide auf die Vermittlung von Gesundheitswissen und Themen der Lebensführung spezialisiert. Gemeinsam sind sie Autorinnen einer Reihe erfolgreicher Bücher, u.a. zu den Bereichen Resilienz, Dankbarkeit und Abschiednehmen.

Die französischsprachige Originalausgabe ist 2015 unter dem Titel *Mandalas bien-être – Estime de soi* bei Éditions Jouvence erschienen.

S.A. Chemin du Guillon 20, Case 184,
CH-1233 Bernex
www.editions-jouvence.com
info@editions-jouvence.com

MIX
Papier aus verantwortungsvollen Quellen
FSC® C084279

Gestaltung Mandalas: Christelle Gossart
Umschlaggestaltung: Guter Punkt, München
www.guter-punkt.de
Satz: Kerstin Duben, München
Übersetzung: Elisabeth Liebl, München (S. 3-4)
Claudia Seele-Nyima, Köln (ab S. 5)
Lektorat: Angela Hermann-Heene
Druck und Bindung: Print Consult GmbH, München
ISBN 978-3-95550-178-5
www.trinity-kreativ.de

Mandalas zum Wohlfühlen

Das Wort »Mandala« kommt aus dem Sanskrit und bedeutet so viel wie »Kreis, Mitte, Einheit, Ganzheit«. Mandalas sind bildhafte, kreisförmige Figuren aus verschiedenen Elementen, die sich kontinuierlich wiederholen und ein harmonisches Ganzes bilden, das jedes Mal anders aussieht und wirkt – wie ein Kaleidoskop. Jedes Mandala ist einzigartig, wie auch wir einzigartig sind mit all unseren Gefühlen und Wesenszügen.

In der buddhistischen Tradition ist das Mandala ein visuelles Hilfsmittel, um sich auf das »große Ganze«, das uns umgibt und mit dem wir verbunden sind, zu konzentrieren und darüber nachzusinnen. Bei der Betrachtung eines Mandalas machen wir uns innerlich leer, wir lassen uns von dessen innerer Harmonie tragen, ohne es mit Sinn oder Bedeutung füllen zu wollen. Wir lassen uns einfach hineinsinken, ohne den Symbolgehalt der Formen und Farben verstehen zu müssen.

Beim Betrachten eines Mandalas können wir aber auch aktiv über ein bestimmtes Thema meditieren – so lange, bis es uns ganz und gar durchdringt. Dann wird die rechte Gehirnhälfte, in der unsere intuitiven Fähigkeiten verankert sind, in den Erkenntnisprozess mit eingebunden.

Dieses Buch möchte Kreativität und Meditation verbinden und dabei Impulse zum Nachdenken und Wohlfühlen geben. Inspirierende, leicht verständliche Zitate laden dazu ein, während des Ausmalens der Mandalas über verschiedene Lebensthemen nachzudenken und sich diese durch regelmäßige Kontemplation selbst zu erarbeiten. Ein rationales Verständnis allein reicht dafür nicht aus: Vielmehr müssen wir unsere gewonnenen Einsichten behutsam und intuitiv in unserem Wesen und Bewusstsein verankern.

Und so geht es:

- Wähle zunächst ein Zitat aus, das dich besonders anspricht.
- Mach es dir an einem angenehmen und ruhigen Ort gemütlich und lass das Zitat auf dich wirken. Gönne dir diesen Moment der Besinnung auf dich selbst.
- Greif zu den Farben, die du bereitgelegt hast.
- Versenke dich dann in dein Wohlfühl-Mandala.
- Halte dabei das Zitat auf entspannte Art und Weise im Geist präsent und fang an zu malen.
- Lass deine Hand intuitiv arbeiten, damit dein Sinn für Schönheit und Harmonie wirken kann. So wirst du ganz von selbst ruhig und ausgeglichen.
- Du wirst den Zauber dieser uralten Methode unweigerlich spüren.
- Deine Gesten, dein ästhetisches Empfinden übermitteln dem Gehirn den Sinn der Botschaft, die sich tief in deinem Inneren einprägen wird.
- Lege immer wieder schöpferische Pausen ein, um das Ganze auf dich wirken zu lassen.

Vor langer Zeit haben weise Männer und Frauen diesen Weg beschritten – Menschen, die noch ein einfaches Leben mit beschränkten materiellen Mitteln führten. Doch warum sollte dieser Weg nicht auch uns offenstehen?

In dieser hektischen, übertechnisierten Welt führt uns die Rückkehr zu Ruhe und Einfachheit zu der Erkenntnis, dass »die Lösung« immer in uns selbst liegt. Wir können sie finden, wenn wir ihr die Gelegenheit geben, sich zu offenbaren, und sie lässt sich im Alltag leben, wenn wir uns ihr völlig öffnen, sodass sie Teil von uns selbst werden kann.

Und jetzt lass dich von deinen Händen und deinen schöpferischen Gaben zu mehr Wohlbefinden führen!

Selbstwertgefühl

In unserer hoch technisierten und unpersönlichen Zeit wird es immer entscheidender, sich selbst Respekt und Akzeptanz entgegenzubringen, um ein erfüllteres Leben führen zu können. Mithilfe der meditativen Innenschau, die durch das stille Ausmalen der Mandalas angeregt wird, kannst du dein Selbstwertgefühl überprüfen und weiterentwickeln.

Das Selbstwertgefühl entspringt unseren Überzeugungen und Einstellungen in Bezug auf uns selbst und ist mit unseren Gedanken, Gefühlen und Handlungen verknüpft. Wie viel Selbstwertgefühl jemand hat, beeinflusst sein gesamtes Handeln.

Das Selbstwertgefühl ist niemals ganz oder gar nicht vorhanden, wir alle bewegen uns je nach den Umständen irgendwo auf einer Skala von null bis hundert. Dabei kann man feststellen, dass sich sowohl ein allzu geringes als auch ein zu großes Selbstwertgefühl ungünstig auswirkt. Jemand, der zu wenig Selbstwertgefühl hat, wird durch unerwartete Ereignisse schnell überfordert oder neigt dazu, sich hilflos zu fühlen. Er tut sich schwer damit, die richtigen Entscheidungen zu treffen, und seine Beziehungen zu anderen gestalten sich meistens schwierig. Gewöhnlich schafft er es nicht, sein Potenzial voll auszuleben.

Personen mit übertriebenem Selbstwertgefühl neigen zu Narzissmus, schätzen sich selbst nicht realistisch ein und treten oft alles andere als bescheiden auf. Auch hier kommt es zu beträchtlichen Schwierigkeiten für die Betreffenden und ihr Umfeld.

Wie du siehst, wirken sich beide Extreme ungünstig aus. Menschen mit einem gesunden Selbstwertgefühl hingegen sind sich ihrer Fähigkeiten klar bewusst und kennen gleichzeitig ihre Grenzen. Sie sehen sich durch Kritik nicht als Ganzes infrage gestellt, sondern ordnen sie als nützlich ein.

Wesentlich für das Selbstwertgefühl ist zum einen, wie sehr wir auf uns selbst vertrauen, zum anderen, wie weit wir uns selbst annehmen.

Das Selbstwertgefühl ergibt sich aus zwei sich ergänzenden Aspekten. Dies sind

- die Wahrnehmung, dass wir kompetent sind, fähig, die erwünschten Ergebnisse zu erzielen, und das Vertrauen darauf, klar denken und richtige Entscheidungen treffen zu können;
- die innere Überzeugung, dass wir wertvoll sind und fähig, uns auf einen für uns sinnvollen Weg zu begeben sowie ein integres, wahrhaftiges Leben im Einklang mit unseren Werten führen zu können.

Eine Person mit einem guten Selbstwertgefühl weist bestimmte Charakteristika auf:

- Sie ist in der Lage zu akzeptieren, dass sie sich noch in der Entwicklung befindet, noch nicht vollkommen ist, dass dies aber ihren Wert nicht mindert. Sie schämt sich daher nicht für ihre Fehler und Unzulänglichkeiten.
- Sie versucht, sich selbst immer besser kennenzulernen, sich weiterzuentwickeln und effizient zu kommunizieren.
- Sie überprüft bereitwillig ihre Gewissheiten und Überzeugungen, um sie, wenn nötig, infrage zu stellen. Sie respektiert sie aber gleichzeitig – ihre eigenen ebenso wie die der anderen.
- Sie sucht den Kontakt mit anderen, möchte die Welt, die sie umgibt, kennenlernen.
- Sie hat klare Lebensziele und holt sich die Informationen und die Hilfe, die ihr zum Erreichen dieser Ziele nützlich sind.
- Sie ist in der Lage, Fakten von Interpretationen und Gefühlen zu unterscheiden, und übernimmt die Verantwortung für Letztere. Sie sagt nicht: »Da siehst du, wie wütend du mich gemacht hast!« Sie weiß, dass Zorn davon abhängt, wie sie die Ereignisse interpretiert.
- Sie kann im gegenwärtigen Augenblick leben, ohne den allgemeinen Zusammenhang aus dem Blick zu verlieren.
- Die Werte, die sie leiten, und deren Ursprung sind ihr bewusst; sie wird nicht durch irrationale Werte gesteuert, die sie von ihrem Umfeld übernimmt und blind akzeptiert.

Kurz und gut: Jemand mit einem guten Selbstwertgefühl ist mit sich und der umgebenden Welt im Einklang. Er ist in der Lage, ein erfülltes Leben zu führen.

Wie bildet sich das Selbstwertgefühl aus?

Der Same für ein gesundes Selbstwertgefühl wird in der Kindheit gelegt. Erfährt das Kind von seinen Bezugspersonen aufmerksame Fürsorge und Unterstützung, fühlt es sich wichtig und geliebt.

Kinder brauchen zunächst zwei Dinge: liebevoll in den Arm genommen zu werden und verlässliche Strukturen. Sie möchten sich sicher fühlen und den Erwachsenen in ihrer Umgebung vertrauen können. Sie wollen ihre eigenen inneren Strukturen aufbauen, und dafür brauchen sie Grenzen und Regeln, die Sicherheit gewährleisten.

Kinder brauchen aber auch positive Botschaften, Ermutigung, Anerkennung ihrer Fähigkeiten in dem Maße, wie diese sich entwickeln. Später im Leben, als Erwachsene, beeinflussen vier Faktoren das Selbstwertgefühl:

- wie andere einen sehen;
- der Vergleich mit anderen;
- die soziale Rolle: Eine Ärztin, ein Pilot, eine Schauspielerin haben beispielsweise eine soziale Rolle, die das Selbstwertgefühl fördert.
- die Identifikation mit sozialen Rollen, die man spielt, und mit der Stellung, die man hat.

Ein weiterer für den Grad des Selbstwertgefühls wichtiger Faktor ist die Übereinstimmung zwischen der Idealvorstellung, die man von sich hat, und dem eigenen Selbstbild. Je größer die Übereinstimmung ist, oder anders ausgedrückt, je mehr man den Eindruck hat, so zu sein, wie man sein will, bzw. ein Leben zu führen, das man führen will, umso besser ist das Selbstwertgefühl.

Eine positive Folge eines guten Selbstwertgefühls ist die, dass man die Verantwortung für sein Leben übernehmen kann; man weiß, was man für sich will und – wichtig – welche Prioritäten man hat, und erkennt, was den Sinn des Lebens für einen selbst ausmacht.

Ein Mensch mit einem guten Selbstwertgefühl ist klar in Bezug auf das, was er von anderen verlangt, respektiert sich selbst und zeigt auch anderen Respekt. Die Verantwortung für das eigene Leben zu übernehmen ist daher einer der Königswege zur Steigerung des Selbstwertgefühls.

Leider schwankt das Selbstwertgefühl das ganze Leben hindurch. In besonders schwierigen Lebensphasen, bei Krisen, Krankheiten oder mit fortschreitendem Alter, ist es schwieriger aufrechtzuerhalten, da wir fast alle davon abhängig sind, unsere Fähigkeiten zu bewahren, um uns weiterhin wertvoll zu fühlen. Was häufig fehlt, ist eine echte Selbstakzeptanz, unabhängig von den Umständen.

Sich selbst voll und ganz zu akzeptieren bedeutet, sich jeglicher negativer Selbstkritik zu enthalten und die Äußerungen anderer über sich zu relativieren: »Danke für Ihre Meinung.« Es bedeutet, das anzunehmen, was in den Äußerungen des anderen konstruktiv ist, und das Destruktive darin loszulassen.

Sich selbst akzeptieren heißt auch, sich selbst positive Botschaften zu vermitteln: »Du weißt, dass du dein Bestes getan hast.« Oder: »Du bist nicht dafür verantwortlich, wie andere die Situation interpretieren.«

Eine spirituelle oder religiöse Praxis kann die Selbstakzeptanz erleichtern. Die meisten großen Traditionen betonen die Liebe und Akzeptanz, die der Mensch durch Gott oder eine andere höhere Instanz erfährt, ganz gleich, welchen Namen man ihr gibt.

Vom Selbstwertgefühl zur Selbstakzeptanz

Selbstakzeptanz ist etwas Umfassenderes als das Selbstwertgefühl. Während Letzteres damit zusammenhängt, wie wir unseren Wert als Mensch wahrnehmen und dass wir unsere Kompetenzen realistisch einschätzen, beinhaltet Selbstakzeptanz alle Facetten des Menschen, nicht nur das, was positiv erscheint. Selbstakzeptanz ist bedingungslos. Sie bezieht unsere Schwächen, Einschränkungen und Unzulänglichkeiten mit ein und wertet nicht. Je größer die Selbstakzeptanz, umso mehr steigt das Selbstwertgefühl, umso wohler fühlen wir uns. Zum größten Teil bestimmen die Botschaften, die wir als Kind von den Eltern und der sozialen Umgebung erhalten haben, ob und wie sehr wir uns selbst annehmen können. Leider werden zahlreiche Kinder nur unter der Bedingung akzeptiert, dass sie »lieb« sind, dass sie gehorchen und Erfolg haben.

So lernen wir als kleiner Mensch, die Aspekte an uns, die von den Großen nicht akzeptiert werden, selbst als negativ zu betrachten, und das zieht oft sehr viel Leid nach sich. Später kommen die Äußerungen von Lehrern, Mitschülern und Erwachsenen, die Macht über uns haben, hinzu. Die meisten jungen Erwachsenen neigen zu Selbstkritik, Selbstvorwürfen und dazu, sich auf der einen oder anderen Ebene als mangelhaft zu betrachten.

Die Selbstakzeptanz steigern

Um uns heute selbst annehmen zu können, müssen wir zuallererst anerkennen, dass wir damals nichts falsch gemacht haben und uns nicht schuldig zu fühlen brauchen. Es gibt keine schlechten Kinder, sondern nur Eltern und Erzieher, die nicht wussten, wie sie mit ihnen umgehen sollten.

Erst im Alter von zehn bis zwölf Jahren verbessert sich die Fähigkeit, Dinge zu reflektieren und zu verstehen. Ab diesem Zeitpunkt beginnt langsam die persönliche Verantwortung. Dennoch resultieren unsere problematischsten Verhaltensweisen aus Verteidigungsmechanismen, die wir häufig schon sehr früh entwickelt haben, um uns vor Angst, Scham und emotionaler Bedrängnis zu schützen. Dazu gehören Lügen, Aggressivität, destruktives Verhalten oder Abhängigkeiten.

Selbstakzeptanz vollzieht sich im Hier und Jetzt, ist von nichts abhängig und bedingungslos. Sie hat nicht das Geringste mit Einstellungen zu tun wie »Ich bin nur okay, wenn ich dieses oder jenes tue – wenn ich abnehme, die Prüfung bestehe, endlich eine weitere Stufe auf der Karriereleiter erreiche ...« Jeder Mensch ist bereits hier und jetzt in Ordnung, so wie er ist. Es geht nicht darum, unsere Schwächen zu vertuschen oder stillschweigend darüber hinwegzugehen, welche Mühe es uns kostet, ein erwünschtes Ziel zu erreichen; vielmehr gilt es, einzusehen, dass all das nichts mit Selbstakzeptanz zu tun hat.

Uns selbst annehmen ist ein ganz persönliches Unterfangen, nur wir selbst können uns diese Akzeptanz gewähren. Nur mit einer nicht urteilenden Einstellung ist Selbstakzeptanz erreichbar. Uns heute anzunehmen hält uns durchaus nicht davon ab, uns zu entwickeln, zu verändern; doch diese Fortschritte und diese Weiterentwicklung sind keine Voraussetzung (mehr), um uns selbst zu akzeptieren.

Von der Selbstannahme zum Selbstmitgefühl

Ein gutes Selbstwertgefühl gilt im Westen oft als das Fundament persönlichen Erfolgs. Allein in englischer Sprache sind 5000 Bücher zu diesem Thema zu verzeichnen. Viele davon empfehlen als Strategie zur Steigerung des Selbstwertgefühls, sich auf die eigenen Stärken zu konzentrieren und sich Erfolge in Erinnerung zu rufen. Neueren seriösen psychologischen Studien zufolge ist jedoch ein ausgeprägtes Selbstbewusstsein kein Garant für beruflichen Erfolg oder bessere Leistungen; es macht den oder die Betreffende(n) weder zu einer besseren Führungspersönlichkeit noch zu einem glücklichen Menschen.

Wichtig ist, dass dem guten Selbstwertgefühl im Leben eine bedingungslose Selbstannahme und vor allem Selbstmitgefühl zur Seite stehen. Ein hohes Selbstwertgefühl, das nicht von Mitgefühl mit uns selbst und mit anderen begleitet wird, kann sich zu Narzissmus auswachsen und Ursache für aggressives Verhalten, Rassismus und Wut auf diejenigen werden, die unsere Position bedrohen.

Können wir Selbstmitgefühl empfinden, dann ist es uns möglich, unser gesamtes Potenzial zu nutzen. Mitgefühl mit uns selbst ist die Fähigkeit, unsere Schwächen und Schwierigkeiten verständnisvoll und wohlwollend zu betrachten; es bedeutet, wir akzeptieren, dass wir menschlich und damit unvollkommen sind. Und es bedeutet, wir sind imstande, uns nicht mehr streng zu verurteilen, sondern freundlicher mit uns selbst umzugehen.

Selbstmitgefühl bedeutet keinesfalls, dass wir uns nicht mehr bemühen oder an uns arbeiten sollen; vielmehr geht es einfach darum, uns selbst, die Wechselfälle des Lebens und die Art und Weise, wie wir uns ihnen stellen, mit anderen Augen zu sehen. Es bedeutet anzuerkennen, dass alle Menschen ebenso wie wir mit bestimmten Formen des Leids konfrontiert werden. Und ein Großteil dieses Leids ist darauf zurückzuführen, dass wir uns selbst kritisieren und verurteilen – und das noch nicht einmal merken.

Selbstmitgefühl bewirkt, dass wir uns entspannen können und ein realistisches Selbstbild haben. Wer sich selbst annimmt und Selbstmitgefühl empfindet, hat es nicht mehr nötig, im Konkurrenzkampf zu stehen, sich mit anderen zu vergleichen und sie in ein negatives Licht zu rücken, um selbst überlegen zu wirken.

Wie entwickelt man Selbstmitgefühl?

Die Wissenschaftlerin Kristin Neff, Pionierin in der Erforschung des Selbstmitgefühls, beschreibt es als Ergebnis dreier Aspekte:

1) Güte und Wohlwollen gegenüber uns selbst statt Kritik und Verurteilung. Dabei gilt es, herauszufinden, wie wir uns selbst kritisieren und wie die negativen Botschaften, die wir an uns richten, unseren Gemütszustand beeinflussen. Anschließend sollten wir die Botschaften abmildern und liebevoll und positiv mit uns selbst sprechen. Eine wohlwollende Haltung gegenüber uns selbst ist heilsam. Wir können dann akzeptieren, dass Scheitern menschlich ist und dass ein zu hohes Selbstideal es erschwert, Selbstmitgefühl zu empfinden.

2) Selbstmitgefühl beruht auf der Erkenntnis, dass wir alle miteinander in Beziehung stehen. Mit anderen Worten: Selbstannahme ist unvollständig, wenn wir die anderen Menschen in unserer Umgebung ignorieren. Definitionsgemäß ist Mitgefühl beziehungsgebunden – man »fühlt mit« (jemandem). Wenn wir anerkennen, dass wir alle nur »menschlich« sind, wird uns klar, dass Gefühle der Enttäuschung, Hilflosigkeit, Zurückweisung allen Menschen gemeinsam sind. Diese Erkenntnis ermöglicht uns, nicht in Selbstmitleid zu verfallen. Indem wir eine umfassendere Perspektive einnehmen, können wir uns als Teil der menschlichen Spezies fühlen und brauchen uns nicht mehr ständig zu vergleichen in der Hoffnung, besser zu sein als andere. So können wir uns auch langsam von aller Kritik erholen, die wir im Lauf unseres Lebens erfahren haben, und hören auf, nach Perfektion zu streben. Mensch sein heißt unvollkommen sein und darum bestrebt sein, zu lernen, zu erkennen und weiter fortzuschreiten, um schließlich ganz man selbst zu sein, weder besser noch stärker als andere.

3) Der dritte Aspekt des Selbstmitgefühls besteht darin, die Fähigkeit zu entwickeln, im gegenwärtigen Moment präsent zu sein und das, was geschieht, ohne zu urteilen wahrzunehmen. Es bedeutet, das, was ist,

anzunehmen, sich der Realität zu stellen, die Dinge so zu sehen, wie sie sind, nicht mehr und nicht weniger, sodass wir mit maximalem Mitgefühl und damit so effizient wie möglich auf die Situation eingehen können.

Um uns selbst Mitgefühl entgegenbringen zu können, müssen wir unsere eigene Traurigkeit, Einsamkeit und unsere Schuldgefühle als leidvolle Momente erkennen, auf die wir mit Mitgefühl reagieren können. Leider ist unser erster Reflex, diesem Leid entkommen zu wollen, es zu leugnen. Doch wenn es gelingt, das Leid einfach zur Kenntnis zu nehmen, ohne es zu übertreiben, dann sind wir achtsam, nehmen unsere Gefühle bewusst wahr und verzetteln uns nicht in den Umständen, die den Gefühlen zugrunde liegen.

Eines der schönsten Ergebnisse des Selbstmitgefühls ist die Tatsache, dass es das Herz öffnet und liebevolle, großzügige, weise Eigenschaften fördert. Dadurch, dass man sich selbst akzeptiert, kann man auch andere Menschen annehmen und sowohl die eigenen Grenzen als auch die der anderen respektieren; man kann sich selbst verzeihen, als Mensch fehlbar, unvollkommen zu sein, und auch den anderen ihre Unvollkommenheit vergeben.

Ein gutes Selbstwertgefühl ist notwendig, um ein ausgeglichener Erwachsener zu werden und Verantwortung tragen zu können; um sich als kompetenter Mensch wahrzunehmen, der Respekt verdient. Es ist eine Etappe auf dem Weg zur bedingungslosen Annahme unserer selbst und anderer, hin zum Selbstmitgefühl, das uns von der Notwendigkeit befreit, unser Ego zu schützen. So wagen wir es, uns selbst und andere im Licht des Wohlwollens zu sehen – mit allen Unvollkommenheiten.

Du siehst – Selbstmitgefühl ist ein Lebensweg, der niemals endet. Es ist der Weg des Friedens, der Freude und der Gemeinschaft mit allen Menschen auf der Welt.

Alle Formen der Meditation können dich auf diesem Weg unterstützen. Mandalas auszumalen ist eine (sogenannte aktive) Form der Meditation, die sich besonders für Menschen aus dem Westen eignet, da sie keinerlei Anleitung erfordert. Lass dich also einfach auf die inspirierenden Sprüche ein, genieße das Malen und lass dich überraschen, was geschieht!

Mandalas
zum Ausmalen

Das Selbstwertgefühl
eines Menschen beeinflusst alles,
was er sagt, denkt und tut.

Ein gutes Selbstwertgefühl
bedeutet, sich als kompetent
wahrzunehmen, als ein Mensch,
der Respekt verdient.

Je ausgeprägter unser
Selbstwertgefühl ist, umso mehr
Möglichkeiten haben wir, uns am
Leben zu freuen.

Wer sich wirklich selbst achtet,
konkurriert nicht mehr fortwährend
mit anderen und vergleicht sich
nicht mit ihnen.

Ein Mensch mit einem gesunden Selbstwertgefühl überschätzt sich nicht. Er ist sich seiner Grenzen bewusst, kennt seine Fähigkeiten und akzeptiert Kritik, die ihn weiterbringen kann.

Ohne ein gutes Selbstwert-
gefühl ist ein erfülltes Leben
nicht möglich.

Angesichts der Schwierigkeiten
des Lebens, der Verluste und
Veränderungen, übernimmt ein
Mensch mit gutem Selbstwertgefühl
die Verantwortung für das,
was er fühlt.

Nur wir selbst, niemand sonst,
können beschließen, unser
Leben zu verändern und unsere
Selbstachtung zu erhöhen.

Je größer das Selbstwertgefühl
wird, umso befriedigender
gestaltet sich die Kommunikation
mit anderen.

Sich selbst oder anderen Vorwürfe machen trägt zur Verringerung des Selbstwertgefühls bei.

Jemand, der sich selbst
für wertlos hält, kann auch anderen
keinen Wert zumessen.

Alles, was uns widerfährt,
ist eine Spiegelung unserer
Gedanken und Einstellungen
in Bezug auf uns selbst.

Nicht nur die anderen, auch wir selbst verdienen es, von uns geliebt und respektiert zu werden.

Du trägst hier und jetzt alles, was
du brauchst, in dir; alle Ressourcen,
um dich den Herausforderungen
des Lebens zu stellen.

Jeder Mensch macht Fehler.
Menschlich zu sein bedeutet,
fehlbar und unvollkommen
zu sein.

Im Gegensatz zum Selbstmitgefühl
ist das Selbstwertgefühl
unbeständig und schwankend.
Es wird von den Geschehnissen in
der Umgebung beeinflusst.

Wie erreichen wir Selbstannahme
und Selbstmitgefühl?
Indem wir ein für alle Mal
aufhören, uns zu verurteilen
und zu bewerten.

Mitgefühl mit uns selbst
bedeutet, wir behandeln uns so
wie unsere beste Freundin,
wenn sie in Bedrängnis geraten ist.

Ein gutes Selbstwertgefühl
und das Selbstmitgefühl bieten
beide einen Schutz vor destruktiver
Kritik. Doch im Gegensatz zum
Selbstwertgefühl verlangt das
Selbstmitgefühl nicht, dass du
perfekt oder besser als andere bist.

Die negative Wirkung destruktiver Kritik auf die Entwicklung eines Menschen ist universal. Bestimmte Kulturen fördern eine solche Kritik mehr als andere.

Eine liebevolle Einstellung
zu uns selbst ist von Verständnis
geprägt, nicht von der Verurteilung
unserer Schwächen und
Niederlagen.

Durch eine wohlwollend-
liebevolle Einstellung zu uns selbst
entlasten und beruhigen wir
unseren ängstlichen Geist und
finden Frieden.

Leid hat seinen Ursprung darin,
dass wir zwischen der Realität
und unserem Ideal vergleichen.
Je weniger wir das, was ist und
nicht zu ändern ist, akzeptieren,
umso mehr leiden wir.

Selbstmitgefühl ist eine Gabe
des Friedens, der menschlichen
Wärme und der Sanftmut, die
wir uns selbst schenken. So kann
sich wahre Heilung vollziehen.

Leid ist Schmerz, der dadurch verstärkt wird, dass wir uns dagegen sträuben. Jedes Mal, wenn du sagst: »Das hätte nicht geschehen dürfen!«, verstärkst du damit dein Leid.